PROGRAMME AGRICOLE

DU

PARTI OUVRIER FRANÇAIS

COMMENTÉ PAR

PAUL LAFARGUE

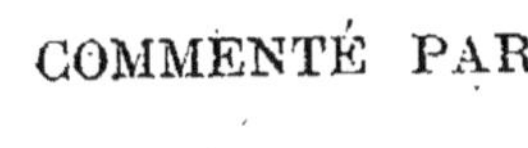

Dix Centimes

EN VENTE

Bureau du SOCIALISTE

132, rue Montmartre, 132

LILLE

Imprimerie ouvrière, G. DELORY

rue de Fives, 28

PROGRAMME AGRICOLE

DU

Parti Ouvrier français

Élaboré par le 10ᵉ Congrès national
du Parti ouvrier, tenu à Marseille
du 24 au 27 septembre 1892 et
complété par le 12ᵉ Congrès national du Parti, tenu à Nantes du 14
au 17 septembre 1894.

Considérant qu'aux termes mêmes du programme
général du Parti, « les producteurs ne sauraient être
libres qu'autant qu'ils seront en possession des moyens
de production » ;

Considérant que, si, dans le domaine industriel, ces
moyens de production ont déjà atteint un tel degré de
centralisation capitaliste qu'ils ne peuvent être restitués
aux producteurs que sous la forme collective ou sociale,
il n'en est pas de même actuellement, en France du
moins, dans le domaine agricole ou terrien, le moyen de
production, qui est le sol, se trouvant encore sur bien
des points possédé, à titre individuel, par les producteurs eux-mêmes ;

Considérant que, si cet état de choses, caractérisé par
la propriété paysanne, est fatalement appelé à dispa-
raître, le socialisme n'a pas à précipiter cette dispari-
tion, son rôle n'étant pas de séparer la propriété et le

travail, mais au contraire, de réunir dans les mêmes mains ces deux facteurs de toute production, dont la division entraîne la servitude et la misère des. travailleurs tombés à l'état de prolétaires :

Considérant que, si, au moyen des grands domaines repris à leurs détenteurs oisifs, au même titre que les chemins de fer, mines, usines, etc., le devoir du socialisme est de remettre en possession, sous la forme collective ou sociale, les prolétaires agricoles, son devoir non moins impérieux est de maintenir en possession de leurs lopins de terre, contre le fisc, l'usure et les envahissements des nouveaux seigneurs du sol, les propriétaires cultivant eux-mêmes ;

Considérant qu'il y a lieu d'étendre cette protection aux producteurs qui, sous le nom de fermiers et de métayers, font valoir les terres des autres, et qui s'ils exploitent des journaliers, y sont en quelque sorte contraints par l'exploitation dont ils sont eux-mêmes victimes ;

Le Parti ouvrier, qui, à l'inverse des anarchistes, n'attend pas de la misère étendue et intensifiée la transformation de l'ordre social, et ne voit de libération pour le travail et pour la société que dans l'organisation et les efforts combinés des travailleurs des campagnes et des villes s'emparant du gouvernement et faisant la loi, a adopté le programme agricole suivant, destiné à coaliser dans la même lutte contre l'ennemi commun, la *féodalité terrienne*, tous les éléments de la production agricole, toutes les activités qui, à des titres divers, mettent en valeur le sol national :

ARTICLE PREMIER. — Minimum de salaire fixé par les syndicats ouvriers agricoles et par les conseils municipaux, tant pour les ouvriers à la journée que pour les loués à l'année (bouviers, valets de fermes, filles de fermes, etc.)

ART. 2. — Création de prud'hommes agricoles ;

ART. 3. — Interdiction aux communes d'aliéner leurs terrains communaux ; amodiation, par l'Etat, aux communes des terrains domaniaux, maritimes et autres, actuellement incultes ; emploi des excédents des budgets communaux à l'agrandissement de la propriété communale ;

ART. 4. — Attribution par la commune des terrains concédés par l'Etat, possédés ou achetés par elle, à des familles non possédantes, associées et simplement usufruitières, avec interdiction d'employer des salariés et obligation de payer une redevance au profit du budget de l'assistance communale ;

Art. 5. — Caisse de retraite agricole pour les invali-des et les vieillards, alimentée par un impôt spécial sur les revenus de la grande propriété ;

Art. 6. — Organisation, par canton, d'un service gratuit de médecine et d'un service de pharmacie à prix de revient ;

Art. 7. — Indemnité, pendant les périodes d'appel, aux familles des réservistes, à la charge de l'Etat, du département et de la commune ;

Art. 8. — Achat par la commune, avec le concours de l'Etat, de machines agricoles, ou location de ces machines, mises gratuitement à la disposition des petits cultivateurs ; création d'associations de travailleurs agricoles pour l'achat d'engrais, de drains, de semences, de plants, etc.. et pour la vente des produits ;

Art. 9. — Suppression des droits de mutation pour les propriétés au-dessous de 5000 fr. ;

Art. 10. — Abolition de tous les impôts indirects et transformation des impôts directs en un impôt progressif sur les revenus dépassant 3,000 francs ; — en attendant, suppression de l'impôt foncier pour les propriétaires cultivant eux-mêmes et diminution de cet impôt pour ceux dont la terre est grevée de dettes hypothécaires ;

Art. 11. — Réduction du taux légal et conventionnel de l'intérêt de l'argent ;

Art. 12. — Abaissement des tarifs de transports pour les engrais, les machines et les produits agricoles;

Art. 13. — Réduction par des commissions d'arbitrage, comme en Irlande, des baux de fermage et de métayage, et indemnité aux fermiers et aux métayers sortants pour la plus-value donnée à la propriété ;

Art. 14. — Suppression de l'article 2102 du Code civil donnant aux propriétaires privilège sur la récolte et suppression de la saisie brandon, c'est-à-dire des récoltes sur pieds ; constitution pour le cultivateur d'une réserve insaisissable comprenant les instruments aratoires, les quantités de récoltes, fumiers et têtes de bétail indispensables à l'exercice de son métier;

Art. 15. — Revision du cadastre, et, en attendant la réalisation de cette mesure générale, revision parcellaire par les communes ;

Art. 16. — Mise à l'étude immédiate d'un plan de travaux publics, ayant pour objet l'amélioration du sol et le développement de la production agricole ;

Art. 17. — Liberté de la chasse et de la pêche, sans autre limite que les mesures nécessitées pour la conservation du gibier et du poisson et la préservation des récoltes ; — interdiction des chasses réservées et des garde chasses.

Art. 18. — Cours gratuits d'agronomie et champs d'expérimentation agricoles.

AUX TRAVAILLEURS DES CAMPAGNES

Travailleurs, depuis bientôt 50 ans nous possédons le suffrage universel, et depuis tantôt 25 ans, nous sommes en République ; et la République qui devait être le bien de tous, n'appartient qu'aux grands propriétaires, aux gros industriels et commerçants et aux riches financiers ; si cela est ainsi c'est qu'au lieu de choisir des cultivateurs pour vous représenter à la Chambre des députés, vous avez nommé de grands propriétaires.

Qu'est-il arrivé ? C'est que la République au lieu d'être gouvernée par des ouvriers et par des cultivateurs et de faire le bonheur de tous ceux qui travaillent, a été gouvernée par des propriétaires et des capitalistes : ces messieurs ont fait les lois à leur seul avantage.

Tous les impôts qu'ils ont votés ont été mis sur les travailleurs, qui paient toujours et ne reçoivent jamais rien.

Quand les députés du Parti socialiste, demandent des secours pour les travailleurs, le Gouvernement répond qu'il n'y a pas d'argent pour eux ; cependant les députés propriétaires et capitalistes trouvent toujours des centaines de millions pour les riches Compagnies de chemins de fer et pour les expéditions au Tonkin et à Madagascar.

Les députés propriétaires et capitalistes sont tous

membres des Conseils d'administrations ou actionnaires des Compagnies de chemins de fer, de mines
et autres sociétés financières. Les agents de ces
sociétés vont dans les campagnes ramasser vos
épargnes en vous faisant des promesses menson-
gères ; et souvent ces sociétés finissent comme le
Panama, en ruinant les malheureux qui avaient été
assez naïfs pour leur confier leurs économies.

Le Panama, qui a été la plus gigantesque des escro-
queries, avait été vanté par les journaux capitalistes :
des curés et des vicaires plaçaient des actions et
recevaient 20 francs par titre qu'ils vendaient.

Les députés propriétaires et capitalistes, récoltent
de si gros bénéfices à soutenir les voleurs de la
finance, que lorsqu'un député radical-socialiste, le
citoyen Raspail, proposa de défendre aux députés et
aux sénateurs, d'appartenir aux sociétés financières,
sa proposition fut repoussée à une énorme majorité.
Le Parti ouvrier est le seul Parti en France qui inter-
dise à ses élus de faire partie d'une société financière
quelconque.

Les députés qui devraient vous protéger contre les
fabricants et les marchands qui achètent vos produits agricoles, les laissent tranquillement s'entendre
entr'eu pour fixer au-dessous de leur valeur, les prix
qu'ils vous donnent pour vos grains, vos raisins,
vos vins, vos betteraves et vos bestiaux.

Pendant que les députés, que vous avez élus, tra-
hissent vos intérêts, l'hypothèque et les dettes vous
dévorent ; la concurrence des grands propriétaires
qui peuvent employer les machines et qui possèdent
des capitaux pour faire de la culture intensive, vous
ruine : aussi le nombre des petits propriétaires
diminue tous les jours et leurs terres vont grossir la
propriété des riches. Aujourd'hui, en France, 29.000
gros propriétaires ont accaparé la moitié des terres
cultivables, c'est-à-dire 12.000,000 d'hectares, tandis
que 7.000,000 de petits propriétaires se partagent
l'autre moitié ; et ce sont ces 29,000 gros propriétaires
qui font la loi au 7.000,000 de petits propriétaires, qui
restent encore.

Ces petits propriétaires sont chassés tous les jours de leurs propriétés ; et il leur arrive bien souvent d'être forcé pour gagner leur vie de cultiver pour un gros propriétaire la terre qu'ils possédaient de père en fils depuis des générations

Il est temps que vous, les travailleurs de la terre, vous cessiez ce rôle de dûpe ; il est temps que vous nommiez des députés qui défendent vos intérêts.

Travailleurs des campagnes, étudiez le programme agricole qui a été voté dans les Congrès du Parti ouvrier, discutez-le entre vous, complétez-le si vous croyez qu'il ne contient pas toutes les réformes dont vous avez besoin et imposez-le à vos députés et aux candidats qui demandent vos suffrages. Ce n'est qu'en vous occupant vous mêmes de vos intérêts que vous obligerez le Gouvernement à faire quelque chose pour vous, et que de la République des capitalistes vous ferez la République des travailleurs.

COMMENTAIRES DU PROGRAMME AGRICOLE

Article premier — *Minimum de salaire fixé par les syndicats ouvriers agricoles et par les conseils municipaux, tant pour les ouvriers à la journée que pour les loués à l'année (bouviers, valets de ferme, filles de fermes, etc)..*

L'ouvrier des champs qui ne possède pas un pouce de terre, sait combien la vie est dure et difficile, combien il faut travailler pour gagner bien peu ! Si encore l'on pouvait avoir de l'ouvrage tous les jours de l'année, il n'y aurait que demi-mal ; mais non. Pendant des semaines et des mois impossible de se livrer aux travaux de la culture ; il faut chômer, il faut rester à rien faire en s'endettant chez le boulanger, ou il faut abandonner les siens et aller à la ville, bien loin, chercher du travail qu'on ne trouve pas toujours.

Le travailleur pourtant devrait, pendant la bonne saison, gagner de quoi vivre et faire vivre sa famille durant toute l'année : c'est ça le *minimum de salaire* que demande pour lui le Parti ouvrier.

Ce *salaire minimum* serait établi par les Conseils municipaux et les syndicats ouvriers agricoles, là où il serait possible d'en créer.

Ce ne serait que justice. Quand les grands propriétaires trouvent qu'ils ne peuvent affermer leurs terres à de bons prix, ils font mettre des droits protecteurs sur le vin, le blé, le bétail : ces droits ne profitent qu'à eux et non aux fermiers, aux métayers et aux travailleurs loués à l'année ou à la journée. La journée des bûcherons et celle des laboureurs n'a pas augmenté quoique les droits d'entrée aient permis de vendre plus cher le bois et le blé.

Ce que l'on fait pour le profit des grands propriétaires, le Parti ouvrier veut qu'on le fasse pour le salaire des journaliers, des bouviers, des valets de ferme, des filles de ferme et des autres prolétaires agricoles, au nombre de 3 millions et demi.

Mais pour cela, il faut que les cultivateurs s'unissent aux ouvriers des villes pour envoyer des leurs dans les Chambres et fonder la République du travail.

ART. 2. — *Création de Prud'hommes agricoles.*

Un Conseil de Prud'hommes est un tribunal composé par moitié de patrons et d'ouvriers. Les patrons élisent les prud'hommes patrons et les ouvriers les prud'hommes ouvriers.

Quand un différend se produit entre un ouvrier et un patron sur une question de salaire ou de travail les deux parties vont devant le tribunal des prud'hommes, qui prononce entre eux. Chacun expose ses raisons L'ouvrier voyant devant lui pour le juger des camarades d'atelier, n'a pas peur de parler, sûr qu'il est de trouver des défenseurs et d'obtenir justice s'il a été lésé. L'ouvrier n'a pas d'avocat, ni de frais à payer.

Ce qui est bon pour le travailleur des villes es

bon également pour le travailleur des campagnes ;
c'est pourquoi le Parti ouvrier demande que l'on
installe dans chaque commune un Conseil de prud'-
hommes nommé par les propriétaires, fermiers ou
métayers d'une part et par les ouvriers agricoles de
l'autre. Ce Conseil siégerait tous les dimanche et
plus souvent si c'était nécessaire.

Employés et employeurs leurs soumettraient leurs
contestations. Etant composé d'hommes au courant
de tout ce qui a rapport à la culture, le tribunal arbi-
tral résoudrait toutes les difficultés sans perte de
temps et sans dépense d'argent.

ART. 3. — *Interdiction aux communes d'aliéner leurs*
terrains communaux ; amodiation par l'Etat aux com-
munes des terrains domaniaux, maritimes et autres
actuellement incultes ; emploi des excédents des bud-
gets communaux à l'agrandissement de la propriété
communale.

Les biens communaux sont les biens de ceux qui
n'en ont pas. Là où ils existent en assez grande quantité, comme par exemple dans les Pyrénées, tous les
habitants, quelques pauvres qu'ils soient, pourvu
qu'ils possèdent une étable, peuvent avoir moutons,
vaches, cochons, qui vont paturer sur les prairies
communales. Dans certaines communes il y a un
berger communal, c'est-à-dire payé par la commune,
qui est chargé de mener paître dans la montagne le
bétail de chacun et de tous. D'autres communes possèdent des forêts qui fournissent du bois de chauffage et même de construction à tous les habitants.

Autrefois toutes les communes possédaient de
grands biens communaux qui aidaient le pauvre
monde à vivre ; la vache, les porcs et les moutons
nourris sur les terres communales procuraient à la
famille du cultivateur de la laine que les femmes
filaient, du lait, du beurre, du fromage et de la
viande.

Depuis longtemps on fait tout au monde pour dé-
truire les biens communaux, aussi beaucoup de
communes n'en possèdent-elles plus miette.

Le Parti ouvrier, reconnaissant toute l'utilité des terrains communaux pour le bien-être des petits cultivateurs et des pauvres, veut que l'Etat s'oppose à leur suppression, là où il en existe encore, et que l'on en crée, là où il n'en existe pas. A cet effet, il demande que les excédents des budgets communaux soient employés à agrandir la propriété communale.

Le Parti ouvrier demande de plus que là où l'Etat possède des biens domaniaux et des terrains incultes, comme sur les bords de la mer, au lieu de les louer à des capitalistes, pour des prix ridicules, il les cède aux communes, qui les transformeraient en biens communaux.

ART. 4. — *Attribution par la commune des terrains concédés par l'Etat, possédés ou achetés par elle, à des familles non-possédantes, associées et simplement usufruitières, avec interdiction d'employer des salariés et obligation de payer une redevance au profit du budget de l'assistance communale.*

Le Parti ouvrier demande que les terrains possédés par la commune ou concédés par l'Etat, là où ils peuvent être mis en culture, soient cultivés sous le contrôle de la commune par des associations de familles pauvres, qui se partageraient entr'elles les récoltes d'après la quantité de travail fourni par chacune ; en abandonnant toutefois une partie à déterminer au profit du budget de l'assistance communale.

Ce que le Parti ouvrier réclame est en voie de réalisation partielle à Narbonnes où sur la proposition du maire Ferroul, membre du Conseil national du Parti ouvrier, le Conseil municipal socialiste a décidé de céder une certaine quantité des terrains communaux à des familles non-possédantes, pour les planter en vignes.

Dans d'autres communes, les familles associées que l'on installerait sur ces terres défrichées pourraient y faire venir du blé, des légumes ou tout autre produit suivant le climat et la nature du sol.

Les travailleurs des campagnes comprendront, sans qu'on leur en dise davantage, quelle importance auraient pour leur bien-être les biens communaux s'ils étaient considérables et s'ils étaient mis en valeur comme le propose le Parti ouvrier.

ART. 5. — *Caisse de retraites agricole pour les invalides et les vieillards, alimentée par un impôt spécial sur les revenus de la grande propriété.*

Quand les laboureurs et les ouvriers agricoles, après une vie de pénibles travaux et de continuelles privations, arrivent à la vieillesse, ils se trouvent sans ressources et perclus de rhumatismes. Après avoir nourri les autres, ils sont plongés dans la plus affreuse misère, et réduits à mendier leur pain.

Ils sont sous ce rapports plus malheureux encore que les ouvriers des mines et les employés de l'Etat et des chemins de fer, qui, eux ont des caisses de retraite leur permettant de ne pas mourir complètement de faim, quand ils sont estropiés ou trop âgés pour gagner leur vie.

Le travailleur de la terre n'a jamais vu personne s'intéresser à son triste sort et s'occuper d'assurer sa vieillesse contre le besoin. Le Parti ouvrier, qui prend toujours la défense des pauvres et des opprimés, entend faire constituer par l'État une caisse de retraite agricole qui allouerait au moins 2 francs par jour aux invalides et aux vieillards.

Le gouvernement, à la veille des élections de 1893, a bien proposé la création d'une caisse de retraites pour tous les travailleurs, mais son projet n'était qu'une manœuvre destinée à faire voter pour les candidats officiels.

Il veut que ce soient les ouvriers des villes et des campagnes qui fournissent en grande partie les fonds de cette caisse. Comment les laboureurs et les journaliers pourraient-ils trouver l'argent nécessaire, eux qui gagnent à peine de quoi vivre et à qui il ne reste jamais un sou à mettre de côté ? Et puis, cette caisse du gouvernement ne serait que pour l'avenir ; ce ne serait que dans des 20 et des 30 ans qu'elle commencerait à distribuer des pensions : les nécessiteux d'aujourd'hui auraient le temps de mourir cent fois de misère.

Le Parti ouvrier n'entend pas ainsi la caisse de retraites : au lieu de demander aux pauvres de la remplir avec leurs sous, il veut que l'Etat la remplisse immédiatement avec les pièces de cinq francs des grands propriétaires, sur lesquels on mettrait un impôt spécial. On pourrait de la sorte secourir de suite les invalides et les vieillards. Cet impôt serait le plus juste de tous : puisque les ouvriers agricoles quand ils sont jeunes et vigoureux, se tuent au travail pour faire produire les terres des grands propriétaires, il est de toute justice que lorsqu'ils sont vieux et perclus de douleurs il soient secourus par ceux qu'ils ont enrichis.

ART. 6. — *Organisation par canton d'un service gratuit de médecine et d'un service de pharmacie à prix de revient.*

Il ne suffit que de lire cet article pour en comprendre l'importance.

Le Parti ouvrier a demandé davantage. Le citoyen Lafargue déposa à la Chambre des députés en 1893, un projet de loi réclamant une indemnité pour les femmes et filles mères un mois avant et un mois après leurs couches.

Les socialistes considèrent que la femme qui met au monde un enfant, remplit un devoir social et doit être récompensée. Les députés gros propriétaires et capitalistes repoussèrent le projet de loi du député socialiste, sous prétexte qu'il n'y avait pas d'argent pour les femmes et les enfants de France, ce qui ne les empêcha pas de trouver cette année là 106 millions pour les riches actionnaires des chemins de fer.

ART. 7. — *Indemnité, pendant la période d'appel, aux familles des réservistes, à la charge de l'Etat, du département et de la commune.*

L'Etat tous les ans appelle sous les drapeaux pendant 28 et 13 jours des travailleurs sans s'occuper si leurs femmes et leurs enfants ont de quoi manger pendant ce temps et si lorsqu'ils reviennent de l'armée ils retrouvent leur place dans l'atelir, qui est souvent occupée par d'autres.

Les gros propriétaires et les capitalistes qui parlent toujours de patriotisme, devraient au moins songer aux défenseurs de la patrie et les indemniser des pertes qu'ils subissent pendant les périodes d'appel : mais ils se moquent bien de cela.

ART. 8. — *Achat par la commune, avec le concours de l'Etat, des machines agricoles, ou location de ces machines, mises gratuitement à la disposition des petits cultivateurs. — Création d'associations de travailleurs agricoles pour l'achat d'engrais, de drains, de semences, de plants, etc., et pour la vente des produits.*

Les petits propriétaires ne sont pas assez riches pour acheter les machines agricoles et leurs terres ne présentent pas assez d'étendue pour qu'ils puissent en faire l'achat, alors même qu'ils en auraient les moyens (1). Ils sont obligés, soit de louer très cher les machines, juste au moment où ils en ont besoin; soit de demander au travail des bras ce que le grand propriétaire obtient, à bien meilleur marché, de la machine.

Ce que le petit propriétaire livré à ses propres forces ne saurait faire, la commune le pourrait : le Parti ouvrier demande que chaque commune achète avec le concours de l'Etat selon les besoins de sa culture une série de machines agricoles, qu'elle mettrait à la disposition des petits propriétaires.

Les cultivateurs sont toujours volés par les marchands qui leur vendent des engrais, des semences, des plants pour renouveler leurs vignes, des tuyaux pour drainer leurs terres, etc. Le Parti ouvrier demande qu'en les encourage à imiter les grands

___

(1). Les petits propriétaires (de 1 à 5 hectares) sont au nombre de 7 millions trois cent mille et ils ne possèdent à eux tous que 11 millions d'hectares, en chiffre rond, alors que 29,000 gros propriétaires en possèdent plus de 12 millions.

propriétaires et à se former en syndicats qui, achetant en gros, obtiendraient meilleure qualité et meilleur prix.

Ces syndicats de petits cultivateurs pourraient également se charger de la vente de leurs récoltes et de leur bétail, qui seraient alors vendus dans de meilleures conditions qu'ils ne le sont aujourd'hui.

Et en attendant le Parti ouvrier demande que l'Etat et la commune appointent des fonctionnaires pour surveiller les ventes afin d'empêcher les cultivateurs d'être volés, comme le sont les cultivateurs de betteraves par les fabricants de sucre.

Les municipalités agricoles pourraient de leur côté, servir d'intermédiaire soit pour l'achat des semences, engrais, etc., soit pour la vente des produits, en traitant, dans ce dernier cas, directement avec les municipalités urbaines, ainsi que le demandait l'élu du Parti ouvrier, le citoyen Paul Lafargue.

ART. 9. — *Suppression des droits de mutation pour les propriétés au-dessous de 5,000 francs.*

Les petits cultivateurs acquittent la plus grosse partie des impôts, sans en tirer aucun bénéfice. Par exemple ils paient pour l'entretien des routes plus que le grand propriétaire, alors que ce ne sont pas eux qui abîment les routes défoncées par les charrettes lourdement chargées des grands propriétaires.

L'impôt est impitoyable pour les petits ; sous prétexte d'égalité il les frappe d'autant plus qu'ils possèdent moins de ressources. Un cultivateur qui acquiert ou reçoit en héritage une petite propriété d'une couple de cent francs est obligé de payer proportionnellement autant de droits qu'un richard qui se rend acquéreur ou hérite d'une propriété de plusieurs centaines de mille francs. Car les droits de mutation et de succession sont égaux pour le riche comme pour le pauvre.

Les actes qui constatent une mutation de propriété sont soumis à un droit de 4 0[0, plus 1 1[2 0[0 de droit de transcription ; ce qui fait 5 fr. 50 centimes pour chaque cent francs. Mais 5 fr. 50 pour cent constituent une toute petite somme pour celui qui possède des centaines de mille francs, tandis qu'ils représentent une forte dépense pour celui qui n'a que quelques mille francs et qui, trop souvent, achète à crédit. C'est de l'égalité à rebours que de faire payer le pauvre autant qu le riche.

Le Parti ouvrier, qui veut établir la vraie égalité, demande que l'on supprime les charges qui pèsent sur les petits cultivateurs, en commençant par les droits de mutation entre vifs et de succession pour les propriétés d'une valeur inférieure à 5000 francs.

En Allemagne les successions qui ne dépassent pas 187 francs ne paient pas de droits : en France, si on hérite, ne fut-ce que d'une étable à cochons valant cinquante ou vingt-cinq francs, il faut payer un droit à l'État (1).

Le Parti ouvrier réclame pour les petites propriétés ce que les socialistes ont déjà réussi à établir

---

(1) Afin que les petits propriétaires se rendent compte du bénéfice qu'ils retireraient de l'application de cette réforme du Parti ouvrier, nous donnons les droits qu'il faut payer pour les transmissions de biens immeubles après décès et entre vifs.

	pour cent	
Droit de mutation	4	
Droit de transcription	1	50
Total	5	50

Droit de transmission entre vifs à titre gratuit

1. En ligne directe ou par contrat de mariage	2	75
En dehors du contrat de mariage	4	
2. Entre époux par contrat de mariage	3	
En dehors du contrat de mariage	4	
3. — Entre frères et sœurs, oncles, tantes, neveux et nièces : par contrat de mariage	4	50
En dehors du mariage	6	50

Droit de transmission après décès.

En ligne directe, ascendante et descendante	1	
Entre époux (donation ou testament)	3	
Entre ligne collatérale, frères et sœurs, oncles tantes, neveux et nièces	6	50

dans beaucoup de villes pour les petits loyers, qui ont été exemptés de la cote mobilière et personnelle.

Art. 10. — *Abolition de tous les impôts indirects et transformations des impôts directs en un impôt progressif sur les revenus dépassant 3,000 francs ;— en attendant la suppression de l'impôt foncier pour les propriétaires cultivant eux-mêmes, et diminution de cet impôt pour ceux dont la terre est grevée de dettes hypothécaires.*

L'impôt indirect prélevé sur les objets de consommation est un moyen de plumer le travailleur sans le faire crier et de l'obliger sans qu'il s'en doute à subvenir aux dépenses qu'occasionnent la protection des biens des grands propriétaires. En effet quand le cultivateur achète une livre de sucre ou de café, il ignore ou oublie que plus de la moitié de la somme qu'il donne à l'épicier est un impôt : s'il grommèle pour les douze et quarante sous qu'il doit débourser, il ne pense pas à maudire les députés gros propriétaires et capitalistes qui ont mis des impôts sur le sucre, le café et les autres objets de consommation.

Le Parti ouvrier qui tient à ce que le travailleur se rende compte de tous les impôts qu'il paie, demande à ce que tous les impôts indirects soient convertis en impôts directs et que ceux-ci soient exclusivement mis sur les propriétaires et les capitalistes qui ont un revenu dépassant 3,000 francs. Jusqu'ici la masse des impôts ont pesé sur les travailleurs, sans qu'ils le sachent, grâce au système des impôts indirects ; c'est le tour des riches d'abandonner une partie de leur superflu et de payer pour les pauvres : ce n'est que justice, puisque c'est le travail du pauvre monde qui fait vivre les gros propriétaires et les capitalistes dans l'abondance.

Le citoyen Jaurès, au nom du parti socialiste, a demandé à la Chambre des députés que les petits propriétaires qui cultivent eux-mêmes leurs champs fussent déchargés de l'impôt foncier ; parce que à peine s'ils peuvent vivre avec ce qu'ils font produire à leurs petits biens.

L'impôt foncier à été une cause de ruine pour les petits propriétaires dans les pays ravagés, par le phylloxéra : ces malheureux ne récoltaient plus une seule grappe de raisin et cependant ils étaient obligés de payer l'impôt foncier : quand ils n'avaient pas d'argent, ils étaient forcé de vendre leurs terres pour s'acquitter envers le fisc. Il ne s'est pas trouvé un seul député capitaliste pour demander la suspension de l'impôt foncier des terres philloxérées, car ça faisait l'affaire des gros propriétaires et des financiers qui achetaient pour rien les biens que les vignerons vendaient à n'importe quel prix.

ART. 11. — *Réduction du taux légal et conventionnel de l'intérêt de l'argent.*

Les gros propriétaires qui réclament toujours le crédit agricole dont ils seraient seuls à bénéficier, n'ont jamais songés à demander l'abaissement du taux légal de l'intérêt. C'est un député socialiste, le citoyen Rouanet, qui le fit en 1893 : puisque le gouvernement, les Etats étrangers et les sociétés financières dit-il peuvent trouver en France à emprunter à 3 %, autant de millions qu'ils le désirent, le moment est venu d'abaisser le taux légal de l'intérêt qui est de 6 % pour les prêts commerciaux et de 5 % pour les prêts entre particuliers. Mais cet abaissement ne ferait pas la joie des gros propriétaires et de leurs compères, messieurs les usuriers, qui font payer au petit cultivateur 6 % l'argent qu'ils leur prêtent, tandis qu'ils l'empruntent à 3 et 3 1/2 o/o.

L'argent est tellement abondant que les capitalistes ne savent où le placer ; ils sont en ce moment en train de l'expédier dans le Transvaal, au sud de l'Afrique ; ils ont envoyés onze milliards en Russie. Quand le gouvernement russe qui depuis des années n'équilibre son budget qu'avec des emprunts contractés à l'étranger, ne trouvera plus à emprunter, et cela arrivera fatalement ; il sera obligé de faire banqueroute : il y aura alors une crise financière dans toute l'Europe. Les petits propriétaires et les petits capitalistes, qui trompés par les réclames patriotiques des brigands de la finance, ont mis leurs épargnes dans les fonds russes, comprendront alors combien les socialistes étaient prudents et clairvoyants quand ils se déclaraient courageusement les ennemis du Czar, dont le gouvernement despotique torture le peuple russe et vole le peuple français.

ART. 12. — *Abaissement des tarifs de transport pour les engrais, les machines et les produits agricoles.*

Les gros propriétaires, sous le faux prétexte de protéger l'agriculture, ne s'occupent que de mettre des droits d'entrée sur le blé, le vin et autres objets de nourriture ; ces droits qui font augmenter le prix de vente de ces objets, ne profitent pas aux petits cultivateurs qui sont obligés d'en acheter pour vivre, ni aux fermiers, car s'ils vendent plus chers leurs blés, les gros propriétaires augmentent leurs baux : eux seuls tirent profit de ces tarifs. Mais les grands propriétaires qui veulent que l'on vende le pain cher ne se sont jamais remués pour obtenir le bon marché des transports sur les chemins de fer, afin de faire profiter les petits cultivateurs des avantages dont jouissent les gros expéditeurs. Ce qui serait autrement utile à l'agriculteur ; car cela permettrait aux cultivateurs de payer bien moins cher pour le transport de leurs engrais et de leurs produits ; ils pourraient entrer en concurrence avec les gros expéditeurs et tout en gagnant davantage vendre et acheter à meilleur marché.

Mais les grands propriétaires qui sont actionnaires des chemins de fer ne veulent pas diminuer leurs profits, ni nuire au commerce des gros expéditeurs : ces messieurs ne sont que les domestiques des financiers panamistes et des commerçants qui exploitent les cultivateurs et volent leurs épargnes.

ART. 13. — *Réduction par des commissions d'arbitrage, comme en Irlande, des baux de fermage et de métayage, et indemnité aux fermiers et aux métayers sortants pour la plus-value donnée à la propriété.*

Dans la monarchique Angleterre, il n'y a que quelques années, on a dû instituer des commissions d'arbitrage, devant lesquelles les fermiers irlandais ont été appelés à produire leurs réclamations. Et lorsqu'ils ont pu établir, soit qu'ils étaient victimes de mauvaises récoltes successives, soit que le taux auquel ils avaient afermé était exagéré, ils ont vu leurs baux revisés et réduits quelquefois de moitié.

Le Parti ouvrier demande que la République intervienne de la même façon au proit des fermiers français pour les empêcher de se ruiner en enrichissant les fainéants de la grande propriété. Il préconise, à cet effet, la formation dans tous les départements de semblables commissions qui seraient composées de cultivateurs et d'un juge de paix.

Leur création est d'autant plus nécessaire que bien souvent les fermiers, pour ne pas rester inoccupés, ou par la concurrence acharnée qu'ils se font entre eux, sont entrainés à payer bien au-delà de leur valeur les terres qu'ils font valoir.

Le métayer et le fermier, d'autre part, sont obligés, pour cultiver la terre qu'ils ont pris à bail, de faire des dépenses en engrais, en travaux de drainage et de constructions, en plantations, etc. Et quand le bail expire, toutes ces améliorations faites à prix d'argent et de travail retournent au propriétaire qui n'a pas dépensé un sou, ni remué une pelletée de terre ; il en profite pour affermer plus cher.

Le Parti ouvrier demande que l'on crée dans tous les départements des commissions qui seraient chargées d'évaluer les plus-values réalisées pendant le contrat de louage de la terre et de forcer le propriétaire à en tenir compte au fermier ou au métayer sortant.

ART. 14. — *Suppression de l'article 2102 du code civil donnant aux propriétaires un privilège sur la récolte*

*et suppression de la saisie brandon, c'est à dire des
récoltes sur pied ; constitution pour le cultivateur
d'une réserve insaisissable comprenant les instruments aratoires, les quantités de récoltes, de semences, fumiers et têtes de bétail indispensables à l'exercice de son métier.*

L'article 2102 du Code civil, dont le Parti ouvrier
demande la suppression, donne au propriétaire le
droit d'un roi de l'ancien régime sur tous les biens
de son fermier ou de son locataire, sur les fruits de
la récolte de l'année, sur le prix de tout ce qui gar-
nit la maison ou la ferme et de tout ce qui sert à
l'exploitation de la ferme.

Personne dans la Société ne possède un droit
aussi absolu que le propriétaire : un créancier ordi-
naire ne peut saisir les biens de son debiteur qu'a-
près avoir obtenu un jugement contre lui.

Le propriétaire, sans aucun jugement, peut saisir
tous les meubles qui garnissent la maison ou la
ferme même lorsqu'ils sont sortis de chez lui, pendant quarante jours s'il s'agit du mobilier qui gar-
nissait une ferme, et pendant quinze, s'il s'agit des
meubles garnissant une maison.

Son droit est si absolu qu'il peut saisir et faire
vendre les meubles et instruments qui n'appartiennent pas à son fermier, mais qui lui sont prêtés ou
vendus à crédit.

Tant que cet article ne sera pas abrogé, le fermier
trouvera difficilement du crédit, car il ne peut offrir
de garanties au prêteur, puisque le propriétaire
commence par se payer avant toute autre créancier
sur la récolte, les meubles et les instruments d'exploitation de la ferme.

La saisie brandon est un autre droit qu'il n'est pas
moins important d'abolir dans l'intérêt des cultivateurs : car un créancier porteur d'un titre exécutoire
peut saisir dans les six semaines qui précèdent leur
maturité les fruits pendants par racines, tels que
blés, raisins, foins, légumes, en un mot toutes les
récoltes de son débiteur et ne lui rien laisser pour

vivre et faire vivre sa famille. C'est le dépouille-
ment complet.

Le Parti ouvrier, afin de sauver d'une pareille
ruine et de protéger le petit propriétaire contre
l'usurier, et le fermier et le métayer contre le grand
propriétaire, demande dans cet article de son programme agricole qu'on constitue au profit du cultivateur une réserve insaisissable comprenant les instruments aratoires, les machines, les quantités de
récoltes, de semences, de fumier et de têtes de
bétail indispensables à son existence et à l'exercice
de son métier.

ART 15. — *Révision du cadastre et, en attendant la
réalisation de cette mesure générale, revision parcellaire par les communes.*

Depuis des années on réclame en vain la révision
du cadastre, qui, cependant, serait urgente pour une
équitable répartition de l'impôt foncier.

Lorsqu'on a dressé le cadastre, il y a plus de
quatre-vingt ans, beaucoup de terrains étaient boi-
sés, incultes ou considérés impropres à toute culture, qui sont aujourd'hui déboisés et en plein et bon
rapport. Et cependant ils ne paient pas d'impôts ou
acquittent des impôts dérisoires.

La revision générale du cadastre, nous le savons
demanderait des années et coûterait des millions,
mais ce n'est pas une raison pour ne pas l'entre-
prendre. En attendant, ce qu'il faut exiger, c'est que
la commune procède, comme la loi l'y autorise, à
une révision parcellaire des terres comprises dans
son périmètre afin de rectifier l'assiette des impôts
et de dégréver par conséquent les petits cultivateurs
si lourdement et si injustement imposés.

ART. 16. — *Mise à l'étude immédiate d'un plan de travaux publics ayant pour objet l'amélioration du sol et
le développement de la production générale.*

Les députés propriétaires et capitalistes votent
des expéditions coloniales au Tonkin, à Madagascar,
qui sont des expéditions de brigands, ou l'on gas-
pille des millions et ou l'on fait mourir des milliers

de paysans et d'ouvriers, déguisés en soldats. Ces millions pourraient être consacrés utilement à de grands travaux pour améliorer le sol et développer l'agriculture, tels que reboisement des montagnes, contruction d'aqueducs, création de vastes réservoirs. ou l'eau serait emmagasinée pour être distribuée aux époques de sécheresse, etc.

ART. 17. — *Liberté de la chasse et de la pêche, sans autre limite que les mesures nécessitées par la conservation du gibier et du poisson et la préservation des récoltes ; — interdiction des chasses réservées et des gardes chasses.*

Un des plus grands griefs des paysans contre les nobles avant la Révolution, a été l'impossibilité de chasser et surtout les ravages causés par le gibier dans les moissons. Ce grief fut exploité très habilement par la bourgeoisie pendant la Révolution. On sait que Robespierre s'élevait même « contre le principe qui restreignait le droit de chasser aux propriétaires seulement » et voulait « la liberté illimitée de la chasse en prenant toutefois les mesures nécessaires pour la conservation des récoltes et pour la sécurité publique ». Après le 11 août 1789 tout le monde avait le droit de chasser. Et la bourgeoisie fut elle-même obligée longtemps de revendiquer ces droits pour les paysans, qui la soutenaient durant la Restauration dans sa lutte contre les grands propriétaires.

Mais aujourd'hui les bourgeois gros propriétaires s'entendent avec les anciens nobles pour interdire la chasse à tous ceux qui ne possèdent pas de grands biens. Pour préserver le gibier de leurs réserves et de leurs chasses gardées, ils ont organisé une gendarmerie privée composée de gardes assermentés qui font de vrais procès et même de faux, et sont toujours prêts à tirer des coups de fusils sur les chasseurs qui leur échappent.

Les bourgeois d'avant la révolution démontraient que le gibier appartenait à tout le monde, parce qu'il se nourrissait sur les terres de tout le monde; maintenant que les capitalistes ont accaparés des centaines et des milliers d'hectares, ils disent que le gibier ne doit appartenir qu'aux grands propriétaires ; et tant pis pour les cultivateurs dont il mange les semailles et abime les récoltes.

ART. 18. — *Cours gratuits d'agronomie et champs d'expérimentation agricoles.*

Le cultivateur doit aujourd'hui être un homme instruit pour connaître les engrais chimiques et la manière de les employer d'après la qualité des terres et des cultures, pour connaître les meilleures semences, celles qui donnent le plus fort rendement et qui sont les mieux appropriées à la nature du climat et du sol ; il a besoin d'être aussi tenu au courant des nouvelles machines agricoles et de leur maniement.

Le Parti ouvrier demande qu'il y ait dans chaque département plusieurs professeurs d'agronomie qui parcoureraient les communes, les unes après les autres, pour instruire les cultivateurs des derniers résultats de la science culturale et des perfectionnements de la mécanique agricole. Les instituteurs et les institutrices seraient invités à suivre ces cours agronomiques afin de pouvoir renouveler l'enseignement du professeur après son départ ; la commune et le département, pour les récompenser de ce surcroît de travail, éléveraient leur modique traitement.

Le Parti ouvrier demande également l'établissement, dans chaque département, de un ou plusieurs champs d'expérimentation pour l'instruction pratique : on y essaierait les cultures, les semences et les plants nouveaux, ainsi que les engrais chimiques ; on y enseignerait la taille et la conduite des arbres fruitiers et la culture maraîchère.

LA PROPRIÉTÉ PAYSANNE

et

L'ÉVOLUTION ÉCONOMIQUE

RXPPPORT

Présenté au Congrès de Nantes par le citoyen Paul LAFARGUE au nom du Conseil national du Parti ouvrier français.

I

La Révolution de 1789 a libéré la propriété foncière des servitudes féodales qui l'empêchaient de revêtir la forme individualiste ou bourgeoise ; mais elle n'a pas donné la terre aux paysans, ainsi que le prétendent les écrivains bourgeois, ces impudents falsificateurs de l'histoire. La propriété paysanne existait avant la Révolution ; elle avait alors une double origine : d'un côté, elle remontait au partage de la propriété collective de l'époque barbare, et de l'autre, elle provenait du démembrement de la propriété féodale ; dès le Moyen-Age, les nobles concédaient et vendaient des terres, qui souvent tombaient aux mains des bourgeois, des artisans et des paysans.

La Révolution bourgeoise de 89 s'attaqua aux droits des paysans aussi bien qu'aux privilèges de la noblesse et du clergé. Elle détruisit ou réduisit considérablement les biens communaux qui, comme en Angleterre, furent accaparés par les grands propriétaires, et elle abolit sans compensation, les *droits usagers* des paysans, dont quelques-uns, celui de *vaine pâture*, par exemple, étaient essentiels à la prospérité paysanne.

Tant que ce droit de vaine pâture subsistait, personne ne pouvait clôturer son champ; les terres, celles des nobles comme celles des bourgeois et des laboureurs, redevenaient communes après l'enlèvement de la récolte, et tous les habitants de la commune y envoyaient paître leurs bestiaux jusqu'à l'époque des semailles; ils avaient également droit d'usage dans les forêts, qui, pendant une partie de l'année, restaient ouvertes aux bestiaux; ils y prenaient leur bois de chauffage et de construction. Les biens communaux et les droits usagers, derniers vestiges du communisme primitif, permettaient aux paysans d'élever des animaux qui leur fournissaient du fumier, du lait, de la viande et de la laine.

La Révolution transforma ou supprima les anciens modes de louage de la terre et les contrats de culture, qui tous favorisaient le cultivateur.

Quelques uns de ces contrats, qui donnaient aux paysans un droit de copropriété, subsistent encore en Bretagne, sous les noms des *vignes à complants*, de *quevaise*, de *convenant à domaine congéable*, etc. (1). La Convention refusa de les abolir, pour

---

(1) Dans ces contrats de culture, le propriétaire n'était censé posséder que le *foncier*, c'est à dire le sol; tandis que le cultivateur était propriétaire de tout ce qui le recouvrait; bâtisses, arbres, récoltes, etc. Celui-ci ne devait au propriétaire du foncier qu'une redevance en nature fixe et invariable; parfois cependant elle était proportionnelle à la récolte. La *quevaise*, la forme la plus antique, était générale avant le seizième siècle; le cultivateur à quevaise ne pouvait être exproprié sous aucun prétexte; tandis que celui du convenant à domaine congéable pouvait être expulsé, après avoir été indemnisé de la valeur des moissons et des édifices recouvrant le sol. Cette forme plus moderne indique une transformation dans le sens bourgeois de la propriété féodale.

punir de leur révolte les nobles, qui auraient bénéficié de leur suppression.

La Révolution, en revanche, profita à la propriété appartenant à la bourgeoisie et à la noblesse ; elle la débarrassa dés servitudes féodales et des contrats de louage qui la grevaient, et elle fournit aux spéculateurs de la *bande noire* une occasion rare de s'enrichir scandaleusement en achetant et en vendant les domaines seigneuriaux et les *biens nationaux* morcelés.

La propriété foncière, une fois dégagée de ses entraves féodales, put prendre la forme individualiste, modifier ses cultures et élever sa valeur vénale. Forbonnais et Lavoisier, avant la Révolution, estimaient à 400 francs le prix moyen de l'hectare ; Léonce de Lavergne évaluait ce prix moyen à 600 francs en 1815 et à 1.000 francs en 1859, et on reste en dessous de la vérité si on le porte aujourd'hui à 1,800 et 2,000 francs. La propriété rurale, dans l'espace d'un siècle, a donc quintuplé de valeur ; cette énorme exagération du prix de la terre est la principale, sinon l'unique cause de la crise permanente de l'agriculture. La surélévation de la valeur vénale, qui est un des résultats de la Révolution, met la terre hors de la portée du paysan ; il n'a plus le moyen de l'acheter, à moins d'emprunter ; c'est là un des résultats que cherchaient les bourgeois révolutionnaires.

II

La transformation bourgeoise de la propriété rurale et le perfectionnement de son mode de culture s'imposaient au siècle dernier.

Durant tout le moyen-âge l'absence de routes et l'insécurité de celles qui existaient rendaient impossible le transport et le commerce des produits agricoles. Les bourgades et les villes n'avaient pour se nourrir que les moissons récoltées sur le territoire qui les environnait ; les habitants des villes et des villages, à quelques exceptions près. étaient tous des cultivateurs et souvent des propriétaires fonciers.

L'établissement de l'autorité royale et la pacification qui en fut la conséquence, favorisèrent le développement du commerce et de l'industrie; les villes purent alors s'agrandir et accroître leur population artisane, en dépeuplant les campagnes. La difficulté de nourrir les populations urbaines, qui, divorcées du travail agricole, ne produisaient plus leurs vivres, causa au dix-huitième siècle ces nombreuses et fréquentes famines et émeutes, qui désolèrent le pays et préparèrent le peuple à la révolution. L'ancienne agriculture était impuissante à subvenir aux nouveaux besoins des ouvriers soustraits aux travaux des champs et entassés dans les villes.

L'agriculture ne pouvait se transformer qu'à condition que la propriété rurale fut libérée des servitudes féodales; aussi, dès que la Révolution eût accompli son œuvre libératrice; dès qu'elle eut octroyé aux propriétaires le droit de clôturer leurs champs, de les cultiver à leur guise et d'en interdire l'accès aux bestiaux de la commune, l'agriculture moderne avec ses cultures variées et ses prairies artificielles fit son entrée (1). Afin d'étendre les terres arables on dessécha avec ardeur les marais et les étangs et on déboisa les plaines et les montagnes au point de transformer des rivières pacifiques en torrents dévastateurs. La culture du blé prit une si rapide extension qu'elle amena sous la Restauration

---

(1) La loi du 28 septembre 1791 sur les *Biens et les usages ruraux* donne à la propriété foncière son caractère individualiste.

Article premier. — Le territoire de la France, dans toute son étendue, est libre, comme toutes les personnes qui l'habitent. Ainsi, toute propriété ne peut être sujette qu'aux usages établis ou reconnus par la loi c'est-à-dire par la loi bourgeoise et non par les coutumes féodales).

Article 2. — Les propriétaires sont libres de varier à leur gré la culture et l'exploitation de leurs terres, de conserver à leur gré leurs récoltes et de disposer de toutes les productions de leur propriété dans l'intérieur du royaume et au dehors sans préjudicier aux droits d'autrui et en se conformant aux lois.

des crises d'abondance, qui étaient régulièrement suivies de crises de disette, car, après les années de surproduction, on restreignait les emblavures. Alors apparut sur le marché français les blés des *terres noires* de la Russie. La propriété rurale poussa un cri d'épouvante. L'invasion des blés russes est plus terrible que celle des Cosaques. s'écria le maréchal Bugeaud en pleine Chambre des Députés. Jetant aux orties ses principes libre-échangistes d'avant la Révolution, la propriété foncière essaya de se garantir contre la concurrence étrangère par des tarifs de douane qui permirent aux propriétaires de hausser la rente foncière proportionnellement aux droits de douane et d'annuler, par conséquent, l'effet de la protection sur l'agriculture : la protection. loin de profiter à la propriété paysanne, lui est nuisible,

A cette première période de *culture extensive* succéda celle de *culture intensive*, caractérisée par l'emploi des machines, des engrais chimiques, des semences sélectionnées, par les récoltes successives, l'élève du bétail, etc., La culture intensive fait de l'agriculture une industrie capitaliste, nécessitant pour sa mise en œuvre des connaissances scientifiques et des capitaux importants, que ne possèdent ni la propriété moyenne, ni la propriété paysanne engourdies dans la routine et dénuées de ressources pécuniaires.

Leur lutte économique contre la grande propriété capitaliste devint alors insoutenable. La petite propriété, à qui la Révolution a enlevé les biens communaux, la vaine pâture et les autres droits usagers, mangée par l'usure et l'hypothèque. finit par être dévorée par la propriété capitaliste, comme le furent au moyen âge les châteaux et les terres des petits barons par les grands feudataires : cette absorption de la petite propriété est activée par les mauvaises récoltes, les épidémies parasitaires et les autres vicissitudes de l'agriculture.

Le gouvernement, qui, malgré ses changements d'étiquette, est toujours demeuré la chose de la classe possédante (grands propriétaires fonciers, commerçants, industriels et financiers), au lieu de venir au secours de la petite propriété dans sa lutte inégale contre la grande propriété, n'a fait que multiplier et élever les impôts pesant sur elle, qui au lieu d'être acquittés en nature, comme autrefois et proportionnellement à la récolte, doivent être payés en argent et sans tenir compte de l'état de la moisson. L'impôt force le paysan à passer par les fourches caudines du vendeur d'argent, c'est-à-dire du marchand qui achète ses produits et qui l'exploite d'autant plus que sa récolte a été plus mauvaise et que son besoin d'argent est plus impérieux.

La bourgeoisie avait annoncé que sa domination politique et sociale serait le règne de la paix, et cependant sa paix n'a cessé d'être interrompue par de terribles guerres européennes et par de non moins meurtrières expéditions coloniales; ces dernières ne sont entreprises que dans le sordide intérêt de l'écoulement des marchandises qu'elle dérobe aux ouvriers. Pour soutenir ces guerres et pour maintenir la paix armée, le gouvernement capitaliste impose aux paysans le service militaire obligatoire qu'ils ne connaissaient pas sous l'ancien régime. Ce nouvel impôt de sang les prive de leurs fils pendant des années et les retourne contre eux, car aux époques des moissons les propriétaires se servent des soldats pour abaisser dans les champs le prix de la main-d'œuvre.

Alors que les cultivateurs auraient eu le plus besoin de toutes leurs économies pour appliquer les procédés de la culture intensive, les financiers, comme une nuée de sauterelles, se sont abattus sur les campagnes, vidant les bas de laine et les cachettes, où depuis des générations s'entassaient les économies des petits propriétaires

Napoléon III, en inaugurant le nouveau système des emprunts d'Etat, et en protégeant et subventionnant le Crédit foncier et autres institutions de la finance moderne, et les opportunistes en s'enrôlant au service des manieurs d'argent cosmopolites, ont aidé les financiers à rafler les épargnes des cultivateurs avec leur Panama et autres compagnies de grandes routes.

L'argent qu'ils ont soustrait aux campagnes, ils n'entendent l'avancer à l'agriculture sous forme de crédit qu'à des conditions léonines, que si l'on simplifie la procédure de vente des biens immobiliers et que si l'on institue la *faillite agricole*, afin de confisquer aux cultivateurs leur terres après avoir escamoté leurs pièces de cent sous. Le Crédit agricole que l'on réclame depuis plus d'un demi-siècle, n'est d'ailleurs destiné qu'à la propriété capitaliste.

Les propriétaires fonciers du règne de Louis-Philippe avaient eu l'impudeur de demander que le capital de la Banque agricole, qui devait leur procurer le crédit, fut prélevé sur les fonds de la caisse d'épargne. Ces parasites ayant accaparé les terres de la nation voulaient, pour les mettre en culture, faire main basse sur les épargnes populaires. Mais les financiers qui considèrent qu'elles n'appartiennent qu'à eux seuls, y mirent bon ordre et firent repousser le projet des propriétaires fonciers, comme un attentat à la propriété.

III

La concurrence agricole, la culture intensive, l'accaparement des épargnes campagnardes, les impôts, en un mot, tous les phénomèmes économiques de la société capitaliste, travaillent à concentrer les terres entre les mains d'un nombre décroissant de propriétaires. Cette centralisation foncière, accomplie déjà en Angleterre, est, dans notre France, en bonne voie de réalisation.

L'administration des Contributions directes a établi en 1884, d'après un relevé fait sur place et dans chaque département par les receveurs des finances, que sur les 49 millions d'hectares soumis à l'impôt foncier, 12 millions, c'est-à-dire environ le quart, sont accaparés par 29,201 propriétaires, possédant chacun en moyenne 453 hectares, la famille Rothschild détient, à elle seule, plus de 200 mille hectares, — tandis que 2 millions et demi d'hectares sont distribués entre cinq millions de paysans, ce qui ne laisse en moyenne qu'un demi-hectare par propriétaire.

La grande propriété se reconstitue aux dépens de la propriété moyenne, qui tend à disparaitre, et de la propriété paysanne, qui diminue en étendue. On ne laisse aux paysans que des lambeaux de terre insuffisants pour leur procurer des moyens d'existence, afin de les retenir aux champs pour que les propriétaires capitalistes aient toujours à leur disposition des journaliers; avant la Révolution, pour se procurer des travailleurs aux époques des moissons et dans le courant de l'année, les propriétaires étaient obligés, dans un grand nombre de provinces, de les établir sur leurs domaines, dans des maisonnettes auxquelles étaient annexés des champs de un à deux hectares; on nommait *manouvreries* ces petites fermes concédées aux laboureurs en échange d'un certain nombre de journées de travail. Les petits biens des paysans modernes jouent le rôle des manouvreries du siècle dernier.

Les terres centralisées sont données en fermage ou cultivées, pour des sociétés financières, par des agronomes au courant de tous les progrès de la science et de la technique agricole; mais une partie des terres monopolisées par les parasites fonciers sont transformées pour leur amusement en territoires de chasse, d'où les faisans et les lièvres chassent les hommes.

Cette brutale centralisation, au profit des oisifs, ne peut être arrêtée dans sa marche; elle est fatale. Mais le Parti socialiste, avant même d'arriver au pouvoir, peut acculer le gouvernement capitaliste à des réformes qui en atténueront les désastreux effets et qui apporteront quelques soulagements aux misères des cultivateurs de tous ordres: journaliers, paysans-propriétaires, métayers et fermiers.

Le petit champ est l'outil du paysan, comme la

varlope est celui du menuisier et le bistouri celui du chirurgien. Le paysan, le menuisier et le chirurgien, n'exploitant personne avec leur instruments de travail, n'ont donc pas à redouter de le voir enlevé par une révolution socialiste, dont la mission est d'exproprier les expropriateurs qui ont pris la terre aux laboureurs et la machine aux ouvriers et qui ne s'en servent que pour exploiter les producteurs.

Les grands biens ruraux arrachés des serres de la nouvelle aristocratie terrienne, au lieu d'être dépecés et distribués, comme l'ont été les *Biens nationaux*, confisqués au clergé et à l'ancienne noblesse, seront exploités au profit de la communauté par les cultivateurs organisés, tandis que l'outillage mécanique de l'industrie confié aux ouvriers associés fonctionnera pour le bien-être de tous.

Le Parti socialiste, maître du pouvoir, loin de vouloir déranger le paysan-propriétaire dans la tranquille possession du lambeau de terre qu'il féconde de ses sueurs, « supprimera les impôts qui pèsent sur lui, le débarrassera des usuriers qui le dévorent, en abolissent les dettes chirographaires et hypothécaires, et l'aidera dans son exploitation en lui fournissant du crédit, des machines, des engrais, des semences, des bestiaux à engraisser, etc , et en lui permettant d'acquitter sa dette en nature. » (*Rapport présenté par le citoyen Paul Lafargue au Congrès de Roanne de 1882.*)

Ce sont les hommes, nés dans la République sociale, fondée sur les ruines de la société capitaliste et élevés dans les idées communistes, qui, sans b'esser les sentiments de personne, feront rentrer dans le domaine de la nation les parcelles de terres que, par intérêt, les capitalistes avaient laissé en la possession de leurs pères.

BIBLIOTHÈQUE
DU PARTI OUVRIER FRANÇAIS